¡Sssssshhhhhhhhhhh!

Haz del teatro algo íntimo

Llévalo siempre en el bolsillo

Cubierta y diseño editorial: Éride, Diseño Gráfico
Dirección editorial: ángel jiménez
Imagen de cubierta: Vito Cano.
Parte de la obra «La hora bruja». 100x70, óleo sobre lienzo

Primera edición: febrero, 2024

La herencia de Juan Castillo.
© Gustavo González Garrido
© VdB, 2024
Espronceda, 5
28003 Madrid

VdB®

ISBN: 978-84-19850-33-1
Depósito Legal: M-3068-2024
Diseño y preimpresión: Éride, Diseño Gráfico

Este libro protege el entorno

la herencia de Juan Castillo

comedia en dos actos
y un *actito* -cortito, pero bonito-

Gustavo González Garrido
(Santa Cruz de Tenerife, 1950)

Se licencia en Derecho en la Universidad de La Laguna y posteriormente ejerce como Abogado y funcionario de carrera del Excmo. Cabildo Insular de Tenerife. Ya desde su época de estudiante de bachiller se inicia en actividades teatrales en diferentes facetas, lo que continuará haciendo más tarde en el Teatro Español Universitario (T.E.U.) Pasado un tiempo, intervendrá como actor en diversos montajes de la Compañía Insular de Teatro de Tenerife y del Centro Dramático de la Sociedad Círculo de Amistad XII de Enero, formando, además, parte de su directiva y poniendo en marcha importantes proyectos culturales.

Como dramaturgo ha escrito y estrenado las siguientes obras: Dos monólogos para una misma representación (*Recuerdos* y *Un treinta de abril*), *El Banquete de Agatona*, *Esperando a Julia*, *Sor Úrsula de San Pedro* (Amor y muerte en un convento de San Cristóbal de La Laguna en el siglo XVII), *Cama para seis*, *El ojete del huracán*, *La herencia de Juan Castillo*, *La cara estúpida del amor*, *La incógnita*, *Fantasmas* y *Virgen y mártir* (1 y 2). Ha publicado también la novela *El último ciclo de la luna*.

Gustavo González Garrido

–G.G.G.–

la herencia de Juan Castillo

comedia en dos actos
y un *actito* -cortito, pero bonito-

Esta obra se estrenó en el teatro Guimerá de Santa Cruz de Tenerife
el 9 de diciembre de 2001 interpretada, por orden de intervención,
por Marisa Lusson (MARGARITA DE LA NUEZ), Juanjo Parrilla (RODRIGO RAJETE),
José Luis de Madariaga (CLAUDIO CORBATÍN),
Juancho Aguiar (SERAFÍN DE LA PEÑA), Gustavo González (COSME GARCÍA)
y Loly Maceira (LUCÍA).

Dirección: Juanjo Parrilla.

Personajes
(Por orden de intervención)

MARGARITA DE LA NUEZ	(40 a 50 años)
RODRIGO RAJETE	(40 a 60 años)
CLAUDIO CORBATÍN	(50 años)
SERAFÍN DE LA PEÑA	(50 años)
COSME GARCÍA	(50 años)
LUCÍA	(45 a 55 años)

NOTA:

Año 1870. Dos únicas localizaciones durante toda la obra. Los actos primero y tercero se desarrollan en un imaginario parque de Madrid, el Parque de La Floresta. El segundo en el saloncito de la casa de doña Margarita de la Nuez, sita en la también imaginaria calle de Alcañiz de la misma ciudad. Lógicamente, vestuario de época: levitas, chisteras, mostachos –solo en los hombres, claro-, y demás aditamentos propios del momento. Sería muy conveniente el cambio de vestimenta en los diferentes actos, pero, dependiendo de los posibles de la Compañía que se arriesgue a poner en escena esta obra, se autoriza expresamente la repetición de aquella, e incluso la posible cutrez de la misma. Eso sí, se condena, desde ahora y para siempre, a los crueles abismos del destierro teatral, a todo director o actor que se permita modificar un solo verso de esta gloriosa creación literaria.

Acto Primero:

Parque de La Floresta. Media tarde. Árboles, macizos de flores, alguna farola y dos bancos en el centro del escenario donde puedan sentarse holgadamente al menos cuatro personas. En uno de ellos se encuentra RODRIGO *leyendo un periódico. Al poco tiempo entra en escena* MARGARITA, *se fija en él, y revoloteando cerca comienza a hablar con la manifiesta intención de que la escuche.*

MARGARITA *(Profundo suspiro.)*
¡¡¡Ay...!!!, qué lindas florecillas
adornan hoy la pradera,
cual deliciosos retoños
de esta hermosa primavera.
Y el agua de ese riachuelo
que discurre tan serena
refrescando cada tramo
de su frondosa ribera.
¡Cantad, cantad pajarillos!,
que no cesen vuestros trinos,
alegrando de esta forma
mi deambular peregrino.
Y tú, astro rey, no te escondas.
Pasa tú, nube viajera,
y permite que sus rayos
acaricien la arboleda.

Ya va declinando el día
y siento en mi corazón
un placer y un alborozo
que me nublan la razón.
¡Flores, agua, sol y cielo,
y el cántico del gorrión...
Me pregunto: ¿Qué más quiero,
es realidad o ilusión?
(Saca un pañuelo de encaje y hace ademán de se-
carse los ojos.)
Pañuelito con que enjugo
mis lágrimas de contento...
(Deja caer el pañuelo en el banco ocupado por
Rodrigo. *Este no se inmuta.)*
¡Huy, pues no se me ha escapado!
Se lo habrá llevado el viento.
(Dirigiéndose al público.)
Este tío es un idiota,
yo diciendo cursiladas
y el muy cabrito a lo suyo
sin enterarse de nada.
En fin, habrá que insistir,
porque igual es algo sordo,
esta vez sí me va a oír.
(Se acerca al banco y recoge el pañuelo.)
¡Caballero!... ¡Caballero!
¿Me permite?

Rodrigo   ¡Cómo no!

Margarita   *(Sentándose al lado de* Rodrigo.*)*
Perdone que lo importune,
¿podría decirme la hora?...

Es que hace rato que vago
por este parque, yo sola.
Sin nadie que me acompañe,
sin nadie que me proteja...

RODRIGO   No se preocupe, señora,
que este parque es muy seguro,
y son las seis menos cuarto,
aún tarda en ponerse oscuro.

MARGARITA   No se crea, no se crea,
que este es un mes muy traidor,
se pasa del día a la noche...
en lo que se pone el sol.

RODRIGO   Atinada afirmación,
ha estado muy oportuna,
y ahora si usted me permite
seguiré con mi lectura.

(RODRIGO *reanuda sin más la lectura del periódico.*)

MARGARITA   Siga, siga, si es su gusto.
(MARGARITA *se levanta del banco y se dirige al
público.*)
¡Se ha visto maleducado!,
enfrascarse en la lectura
con este cuerpo a su lado.
Ya no van quedando hombres,
y si quedan, ¡díganme!
¿dónde diantres se esconden?

(Entra en escena Claudio *con un clavel en el ojal.
Se dirige a* Margarita.*)*

Claudio   Señora.

Margarita   ¡Por Dios, qué susto!

Claudio   Disculpe usted la molestia,
¿es este parque, tal vez,
el parque de La Floresta?

Margarita   Este es.
Y dígame, caballero,
si no es mucha indiscreción,
¿viene solo de paseo
o es algún lance de amor?

Claudio   No sé si...

Margarita   ¡Por Dios!, no se ruborice,
perdone mi atrevimiento,
comprendo que me he pasado
y usted se ha puesto violento.

Claudio   No, no, si no importa nada,
es que la verdad, no sé,
señora, de qué se trata.
Solo sé que esta mañana,
con los churros y el café
recibí este telegrama,
puede comprobarlo usted.

(Le entrega un telegrama.)

MARGARITA A ver, a ver...
           «A don Claudio Corbatín».
           ¿Es usted?

CLAUDIO   Así me llamo.

MARGARITA Pues mi nombre es Margarita,
           Margarita de la Nuez.

CLAUDIO   Señora, beso su mano.

MARGARITA Y yo me pongo a sus pies.
           Pero veamos ahora
           que dice este telegrama:
           «Esta tarde al dar las seis,
           y después de echar la siesta,
           en la alameda central
           del parque de La Floresta.
           Vaya puntual a esta cita,
           si se quiere usted forrar
           con un clavel reventón
           metidito en el ojal».

CLAUDIO   Y aquí me tiene usted a mí
           en el mayor desconcierto,
           todo el día dándole vueltas
           sin saber de que va esto.

MARGARITA Y claro, así lleva usted
           esa flor en el ojal.
           Y ahora que me fijo, mire,
           el señor tiene otra igual.

CLAUDIO Es verdad.
¿Tendrá acaso algo que ver
ese señor con la cita?

MARGARITA Pues no sé, pero le digo
que no es muy hablador,
y si me apura... «rarito»
me parece el buen señor.

(Entra en escena SERAFÍN *con su clavelito en el ojal y llevando en la mano un telegrama. Se dirige a* MARGARITA *y a* CLAUDIO.*)*

SERAFÍN Muy buenas tardes, señores
¿la alameda principal?

MARGARITA *(Aparte.)*
¡Pero bueno!,
otro individuo
con la flor en el ojal.
(Dirigiéndose a SERAFÍN.*)*
Sí señor, aquí es la cita.

SERAFÍN *(Mostrándole el telegrama.)*
¿Entonces usted ha mandado?...

MARGARITA No señor, no mandé nada.
Pero eso es un telegrama,
¿no es verdad?

SERAFÍN Pues sí, señora.

MARGARITA Y usted lleva un clavelito.

SERAFÍN   Se decía en el papel.

MARGARITA   (*Aparte.*)
            Pues yo de aquí no me muevo
            sin descubrir el pastel.
            (*Dirigiéndose a* SERAFÍN.)
            ¿Y su nombre, caballero?

SERAFÍN   Don Serafín de la Peña.

MARGARITA   Yo me llamo Margarita.
            (*Presentando a ambos.*)
            Don Claudio, don Serafín...
            ¿Se conocen?

SERAFÍN   No, señora.
            Mucho gusto.

CLAUDIO   Caballero, el gusto es mío.

MARGARITA   (*Aparte.*)
            Pues qué bien, con tanto gusto
            se harán amigos intuyo,
            al menos por el momento
            coinciden en el capullo.

            (*Entra en escena* COSME *con el consiguiente cla-*
            velito.)

COSME   Ahora son las seis en punto
            y este parece el lugar.
            Señores.

MARGARITA   No diga nada,
             ¿ha traído un telegrama?

COSME   Aquí lo tengo,
             ¿usted sabe…?

MARGARITA   Caballero, no sé nada,
             pero hasta que sepa todo
             no pienso entrar en la cama.
             ¿Su nombre?

COSME   Cosme García.

MARGARITA   *(Haciendo nuevamente las presentaciones.)*
             Margarita, don Claudio,
             don Serafín…

             (Se saludan simplemente quitándose el sombrero.)

RODRIGO   *(Levantándose del banco y encarándose con los
             presentes.)*
             Señores, muy buenas tardes,
             como veo que están todos
             y es la hora señalada
             procede que comencemos…
             cuando se marche esta dama.

MARGARITA   ¿Cómo dice el muy grosero,
             pretende que ahora me vaya?
             ¡Perdóneme, caballero,
             no entendí bien sus palabras!

RODRIGO   Pues pienso que hablé muy claro.
            Yo he concertado una cita
            aquí con estos señores,
            y usted se metió por medio
            recitando tonadillas
            de pajarillos y flores.
            Y no me parece mal,
            que estamos en primavera
            y cada cual con su vida…
            Pero, señora, por dios,
            es usted una entrometida.

MARGARITA   Esto sí que no lo aguanto,
            ¡semejante impertinente!,
            y le advierto, caballero,
            que se juega usted los dientes.

CLAUDIO   Por favor, tengamos calma,
            y aclaremos de una vez,
            ¿quién mandó los telegramas?

RODRIGO   He sido yo.

CLAUDIO   Pues muy bien.
            Establecido este extremo,
            hora es ya de que nos diga
            el motivo de esta cita
            tan curiosa y peregrina.

RODRIGO   Es que con esta mujer...

MARGARITA   ¿Otra vez vuelve a la carga?

SERAFÍN   Déjese ya de monsergas
             y explíquese cuanto antes.
             ¿Qué más da que esta señora
             insista en estar delante?

RODRIGO   Si a ustedes no les importa
             yo no pierdo más el tiempo,
             acomódense señores
             y empecemos con el cuento.
             (*Todos, excepto* RODRIGO, *se sientan en los bancos.*)
             Era don Juan del Castillo
             hombre de mucho talento,
             ¿ustedes lo conocieron?...
             Yo tampoco, y lo lamento.
             Marchó muy joven a Cuba
             en busca de la fortuna,
             y encontróla en doña Rita,
             mujer de muy alta cuna.
             No demasiado agraciada
             y un poco mayor que él,
             pero en La Habana no había
             partido mejor que aquél.
             Su padre, don Ceferino,
             poseía plantaciones
             en Cienfuegos, Trinidad,
             y en algunos atolones.
             Y como aquellas quedaban
             lejos de la capital,
             mandó a su yerno, don Juan,
             a un ingenio a trabajar.

MARGARITA   ¿A un ingenio?

RODRIGO   Sí, señora,
que es así como se llama
donde se fabrica azúcar,
en esa lejana tierra.

MARGARITA   No sabía.

RODRIGO   Pues quien no habla,
no yerra.
Sigamos pues.
Don Juan llegó a Trinidad
una mañana de mayo,
con doña Rita detrás
y montado en su caballo.
Entendamos, doña Rita
recostada en su calesa,
que no gustaba de monta
porque era bastante gruesa.
A don Juan le cautivaron
aquellos cañaverales,
y esa brisa que se siente
cerca de los palmerales.
Por eso, en algunas tardes,
cuando apretaba el calor,
don Juan iba al palmeral
para sentir el frescor.
Y un día entre las palmeras,
como se encontraba a solas,
sin pensárselo dos veces
el hombre se puso en bolas.

COSME   Perdone, ¿será oportuno
seguir por ese camino?,
se encuentra aquí la señora.

MARGARITA   Hombre, no me sea aguafiestas,
aguanté lo de la gorda,
y ahora que empieza lo bueno
¿voy a perderme la historia?

RODRIGO   Me quedé en lo de las bolas,
que aquí tengo que aclarar
que según me han comentado
fueron cosa singular.
Pues don Juan, era sabido
desde su infancia más tierna,
que su mejor patrimonio
lo tenía en la entrepierna.
Y así fue que aquella tarde,
cual del destino una treta,
pasó por el palmeral
Rosita con su carreta.
El caballo relinchó,
Rosita que frenó el trote,
don Juan que se abalanzó,
y les dio la medianoche.
De esos amores furtivos,
que duraron muchos años,
se pobló la plantación
de unos cientos de operarios.
Y es que la negra Rosita,
aparte de estar muy buena,
tenía primas y cuñadas
que también valían la pena.

Además, don Juan fue un hombre
de un abierto corazón,
que nunca puso reparos
para compartir su amor.

CLAUDIO   Disculpe que le interrumpa,
pero estimo, sin embargo,
que no sé si viene a cuento
ponernos los dientes largos.

RODRIGO   Ya no tardo en acabar
pero es que era necesario
explicar desde un principio
esta historia singular.
Aunque tuvo doña Rita
tanto hijo putativo,
de su unión matrimonial
tan solo le nació un hijo.
Le llamaron Ceferino
cual se llamaba su abuelo,
que ya por aquel entonces
estaba el pobre muy lelo.
Por alegrar su vejez
y porque el niño estudiara
Ceferinito se fue
caminito de La Habana.
A don Juan no le afectó,
rodeado como estaba
de tanto niño criollo,
mas la pobre doña Rita,
de tristeza y unas fiebres
acabó pronto en el hoyo.

MARGARITA ¡Ay, qué pena!,
           por favor siga usted,
           no se demore.

RODRIGO   Desde aquel mismo momento,
           con doña Rita difunta
           y su padre trajinando,
           Ceferinito y don Juan
           se acabaron distanciando.
           Al tiempo murió su abuelo
           dejándole su fortuna,
           y el pensó en venirse a España
           en búsqueda de aventura.
           Aquello que hizo su padre
           él lo repetía al revés.
           Dejó a este las plantaciones
           que don Juan ya administraba,
           y él vendió cuanto tenía
           en la ciudad de La Habana.
           Se vino joven y rico
           a la ciudad de Madrid,
           y se compró un palacete
           en la calle de Alcañiz.

MARGARITA ¿Alcañiz?, si esa es mi calle,
           y allí vivió mi mamá.

RODRIGO   Pues fíjese usted, señora,
           lo que es la casualidad.
           En fin, para no cansarles,
           les diré que Ceferino
           se entregó tanto al desmadre
           que superó con holgura

las andanzas de su padre.
Jugador y pendenciero,
y bebedor de chinchón,
no dejó moza con honra
cuando tuvo la ocasión.
Diez veces se batió en duelo,
y otras tantas los ganó,
y un buen día de un orzuelo
el muy tonto se murió.

SERAFÍN   ¿Que se murió de un orzuelo?

RODRIGO   De un orzuelo, sí señor,
porque fue en el ojo bueno.
Tenía un ojo un poco chusco,
y como el bueno se hinchó,
no vio a un marido ofendido
que de un tiro lo mató.

SERAFÍN   ¡Ah!, pues entonces se entiende.

CLAUDIO   Eso mismo digo yo.

COSME   ¿Pero a qué viene esta historia,
y qué nos importa a nos
las andanzas de ese cafre
y si ya se ha muerto o no?

RODRIGO   Pues le importa, caballero,
que ese cafre, sí señor,
ha podido ser su padre,
eso se lo digo yo.

COSME   ¿Qué insinúa deslenguado?
¿Cómo mancilla mi honor?

RODRIGO   No se altere, que enseguida
va a entender mi afirmación.
Aunque como creo haber dicho
don Ceferino y don Juan
no mantuvieron ya más
relaciones especiales,
alguna vez se escribían,
al llegar las navidades.
Así se enteró don Juan
que una moza de Madrid,
esperaba un nieto suyo
en la calle de Alcañiz.

MARGARITA   ¿Se casó don Ceferino?

RODRIGO   De eso nada,
al poco tiempo
sufrió el orzuelo fatal,
y dejó virgen el mundo
en sentido marital.
Con el disgusto la madre
tuvo un fatal resbalón,
y en aquella misma tarde
nació un niñito pelón.

SERAFÍN   ¿Y qué fue de ese retoño?

RODRIGO   Ese es el punto esencial.
Cuando don Juan, muy mayor,
ya estaba perdiendo el tino,

se acordó de la criatura
de su hijo Ceferino.
Y es que pensándolo bien,
legítimo verdadero
este fue su único hijo,
y por ende, su heredero.
Llamó entonces al notario
y expresó en su testamento
la voluntad que ahora cito
sin perder ya ni un momento.
Dejó toda su fortuna,
hasta el último pitillo,
para el vástago perdido
de Ceferino Castillo.
Nombró albacea de la herencia
a un bufete de La Habana,
con instrucciones precisas
para investigar la trama.
Y siendo hombre liberal,
como ustedes ya habrán visto,
pidió únicamente pruebas
hasta un punto prudencial,
sin exigir la constancia
en registro judicial.

CLAUDIO   Qué interesante se ha puesto
este asunto, ¡vive el cielo!
Y dígame, ¿ese legado
asciende a mucho dinero?

RODRIGO   Como el hombre en Trinidad
vivía muy entretenido
y casi sin gastar nada,

con el paso de los años
consiguió una millonada.

COSME Todo eso está muy bien,
mas sigo sin entender
por qué nos cuenta esta historia
y qué tenemos que ver.

RODRIGO Como tal vez se han fijado,
y no ha sido por olvido,
yo aún no me he presentado,
baste mi nombre: Rodrigo.
No les daré más detalles,
que de ello estoy excusado,
cual corresponde a un señor
que es detective privado.

COSME ¿Detective?

RODRIGO Sí señor,
me ha contratado el bufete
de abogados de La Habana,
y llevo ya mucho tiempo
investigando este drama.

CLAUDIO ¿Y usted ha descubierto...?

RODRIGO Secreto profesional.
Solo puedo comentarles
que si se encuentran aquí
es para determinar
su posible relación

con Ceferino Castillo
de la calle de Alcañiz.

SERAFÍN   ¿Y esta dama?

RODRIGO   Ella no.

MARGARITA   Pero vivo en Alcañiz.

RODRIGO   Eso no importa, señora,
             yo he citado a tres señores
             y ninguno vive allí.
             Hace ya cincuenta años
             que murió don Ceferino...

COSME   ¿Tantos?

RODRIGO   Pues sí.

SERAFÍN   ¿Y cuándo murió don Juan?

RODRIGO   Mucho más tarde que aquél.
             Don Ceferino, señores,
             apenas llegó a los trcinta,
             y su padre, según dicen,
             superaba los noventa.

CLAUDIO   Y hasta entonces... ¿con Rosita?

RODRIGO   No hombre, no,
             ya habría cambiado,
             y se dice a ciencia cierta

que mantuvo la costumbre
de ir con la bragueta abierta.
Pero eso no viene al caso,
¿han echado ustedes cuentas?
¿Don Cosme, cuándo nació?

COSME   En mil ochocientos veinte.

CLAUDIO   Yo también.

SERAFÍN   Igual que yo.

RODRIGO   Pues coinciden en la edad,
             y a desvelarles me atrevo
             que ese año precisamente
             tuvo el occiso el orzuelo.

CLAUDIO   ¿Qué me dice?

RODRIGO   Lo que oye,
             pero hay una cosa más.

SERAFÍN   ¡Diga, diga!

RODRIGO   Que existe un plazo fijado
             por don Juan en su legado,
             y que se cumple en un mes.

COSME   ¿Pero de qué plazo habla?
             No consigo entender nada.

RODRIGO   Pues no es ningún desatino,
             el plazo para encontrar

al hijo de Ceferino.
Como ya se suponía
que iba a ser cosa difícil,
don Juan fijó en veinte años
el tiempo para cumplir
debidamente el encargo.
Y si pasado este plazo
aún así no aparecía,
pasaría toda la herencia
a las Hijas de María.

CLAUDIO   ¿Y quién es esa María,
tal vez alguna mulata?

RODRIGO   ¡No, por Dios,
no sea blasfemo!
Es una congregación
de hermanitas penitentes
dedicada a la oración.

MARGARITA   ¡Ah, bueno, santo destino!

CLAUDIO   Pues yo no lo veo tan claro,
y me parece fatal,
quedamos en que don Juan
era un hombre liberal.

RODRIGO   Mas como suele ocurrir,
ves la muerte y coges miedo,
y en el último momento
te quieres comprar el cielo.

MARGARITA   Perdóneme, Don Rodrigo,
¿me permite intervenir?

RODRIGO   ¿No lo va usted a hacer igual?

MARGARITA Pues me parece que sí,
mas para qué quedar mal.
Yo he escuchado atentamente
su curiosa explicación,
y colijo, por supuesto,
que es usted un hombre de honor.

RODRIGO   Claro está.

MARGARITA Y no lo dudo.
Por eso quiere encontrar
dentro del plazo fijado
al nieto del tal don Juan.

RODRIGO   De eso se trata.

MARGARITA ¿Y en esto no admite
seguro usted componendas,
metiendo uno de estraperlo
y luego partiendo a medias?

RODRIGO   ¿Por quién me toma, señora?

MARGARITA No se altere, solo es
una forma de expresarse,
no dudo de su honradez.
Pues bien, por lo que parece,
usted solo, investigando
de manera consecuente,
encontró tres candidatos,
hoy todos aquí presentes.

RODRIGO   Así es.

MARGARITA   ¿Y por qué motivo,
perdone la indiscreción,
se olvidó de las mujeres
centrándose en un varón?

RODRIGO   Pues no sé.
Desde un principio
siempre se pensó en un niño,
será por los atributos
de la Casa del Castillo.

MARGARITA   ¡Qué atributos ni ocho cuartos,
qué estupidez tan machista!
¿Y por eso a las mujeres
las tachó usted de la lista?
No hay hombre que se compare,
y apréndase muy bien esto,
a una mujer de coraje
cuando los tiene bien puestos.
Dígame, ¿en algún momento
surgió algún dato objetivo
que demuestre que es un niño
el vástago perseguido?

RODRIGO   Me deja desconcertado,
cuando recibí instrucciones
siempre se me habló de un niño
sin decirme otras razones.
Así enfoqué las pesquisas
y ahora me surge la duda,

> si sería un niño pelón
> o una niñita peluda.

Cosme   No desbarre, caballero,
le ha confundido esta arpía.
No tenga ninguna duda
que quien andaba buscando
se llama Cosme García.

Serafín   ¡Ya está bien de tonterías,
que siento la sangre hervir,
abuelo de mis entrañas
descansa en paz porque al fin
has encontrado a tu nieto,
tu nietito Serafín!

Claudio   Pues don Claudio Corbatín,
si tiene que demostrarlo,
les enseña el «chilindrín»,
y les reto a mejorarlo.

Cosme   ¡Pero qué dice este orate,
semejante desvergüenza!

Claudio   ¡Caballero, un respetito,
que el respeto es muy bonito!

Rodrigo   Señores, haya paciencia.
Ya esperaba que este asunto
creara cierta confusión,
y al ser tema delicado
elegí bien la ocasión.
En un lugar apartado,

sin miradas indiscretas,
y para reconocernos
el fruto de una maceta.
No contaba, desde luego,
tener aquí a la señora,
pero eso fue un accidente
y a ver quien lo arregla ahora.

MARGARITA   Yo, por supuesto, no cejo
hasta saber el final.
En mi vida había pensado
toparme con nada igual.

SERAFÍN   Y llegados a este punto,
don Rodrigo, usted sabrá
qué es lo que tiene pensado
para encontrar la verdad.

RODRIGO   Cuando recibí el encargo,
como buen profesional,
medité debidamente
cada paso que iba a dar.
He investigado registros,
consultado mil archivos,
valorado documentos
e interrogado testigos.
No pueden imaginar,
y ni siquiera lo intenten,
los partos que hubo en Madrid
en mil ochocientos veinte.
Poco a poco conseguí
saber el mes, luego el día,
y aunque parezca mentira,

al final averigüe
la hora exacta de aquel día.
El lugar del natalicio
y el nombre de la partera,
e incluso los honorarios
que figuran en la cuenta.
Pero, ¡ay de mí!, nunca supe
quién era la parturienta.

COSME   Entonces...

RODRIGO   No digo más.
Y les baste con saber
que conforme he comprobado
los tres pueden ser el hijo
de nuestro ilustre finado.
Así, sin darles más datos,
cada uno aportará
las pruebas que conviniere
para aclarar la verdad.
Y si estas corroborasen
lo que tengo acreditado,
haré un informe a favor
de quien sea el beneficiado.
Si así no fuese en un mes,
entonces procedería
entregar toda la herencia
a las Hijas de María.

COSME   ¡Eso nunca!

MARGARITA   ¡Por favor,
tanta inquina con las monjas!

COSME   Señora, es que es un dolor,
             y se me erizan los pelos
             pensando en que harán las monjas
             con la herencia de mi abuelo.

CLAUDIO   No prejuzguemos, don Cosme.
             ¿Se piensa usted que un García
             puede aspirar a la herencia de un Castillo?
             ¡Qué osadía!

COSME   ¡Pues mire que un Corbatín,
             ir con ínfulas de noble
             y venir dando la lata,
             ya hablaremos, caballero,
             cuando llegue usted a corbata!

RODRIGO   No empecemos otra vez,
             que el asunto está muy claro
             y tan solo queda un mes.
             Voy a darles siete días,
             si esto les parece bien,
             para estudiar el asunto,
             y trabajando sin pausa
             puedan presentar las pruebas
             para defender su causa.

SERAFÍN   ¿Y dónde será la cita?

RODRIGO   En algún lugar discreto,
             no sé...

MARGARITA   Tal vez en mi casa.

RODRIGO   ¿En su casa?

MARGARITA   Sí señor,
                          como vivo en Alcañiz
                          parece muy oportuno
                          que se desarrolle allí.
                          Ya que en la zona nació
                          el vástago de la historia,
                          si volvemos al lugar
                          siempre nos puede ayudar
                          la hipótesis de la noria.

CLAUDIO   ¿La hipótesis de la noria?

MARGARITA   Claro está, ¿no la conoce?,
                          es hipótesis aún
                          y está en prueba todavía,
                          tenga en cuenta que si no
                          ya sería teoría.
                          Se trata de que al lugar
                          donde algún hecho ocurrió
                          siempre vuelve el responsable
                          por ver si lo terminó.
                          Si es asesino comprueba
                          que el occiso está difunto,
                          si es ladrón que nada queda,
                          donde llevó a cabo el hurto
                          Como la noria da vueltas
                          y regresa al mismo sitio,
                          fácil se comprende el símil,
                          no hace falta ser muy listo.

CLAUDIO   Aún así no lo comprendo…

MARGARITA   En nuestro caso se trata
             de reencontrar a un infante
             que de mayor fue un señor
             de los que tengo delante.
             Y si se vuelve al lugar
             donde aquel niño nació,
             igual alguno de ustedes
             recobrando la memoria
             vuelve a llorar como un niño,
             o, sin poder evitarlo,
             defeca en los calzoncillos.

COSME   Eso no es prueba fiable,
             pues ¿quién me asegura a mí
             que alguno de estos señores
             con tal de obtener la herencia
             no ensucia los pantalones?

SERAFÍN   Óigame, señor García,
             yo no sé si en su familia
             se utilizan esos modos,
             pero le aseguro a usted
             que en la Casa de la Peña
             solo se evacua si es
             sentado en el inodoro.

CLAUDIO   Lo mismo puedo decir
             de la Casa Corbatín,
             si bien, habido el tamaño,
             recogiendo el «chilindrín».

Cosme   ¿Vuelve usted con presunciones?
          ¡Si no fuese por la dama
          le juro que le obligaba
          a bajarse los calzones!

Rodrigo   Señores, se terminó,
          el asunto está zanjado.
          Ya que doña Margarita
          se ofrece a ser anfitriona,
          será la próxima cita
          en su casa y a esta hora.
          ¿Estamos todos de acuerdo?...
          Pues si nadie dice nada,
          concretemos la cuestión,
          por favor, señora mía,
          díganos su dirección.

Margarita Pues la calle de Alcañiz,
          número diez, tercer piso,
          y en los bajos hay un bar
          que se llama «El buen chorizo».

Claudio   ¡Ah, sí!, ahora lo recuerdo,
          ponen morcilla de Burgos
          y embutidos de primera,
          pero lo que es colosal
          es un potaje de berros
          típico de La Gomera.

Serafín   En ese caso, muy bien,
          que en resolviendo este asunto,
          merendaremos después
          como amigos todos juntos.

MARGARITA Pero no habrá que ir al bar,
que en mi casa les preparo
todo lo que sea preciso
para poder merendar.
¡Que tengo una cocinera
como ustedes no imaginan!
Hace buñuelos borrachos,
yemas de San Borondón,
rosquillas de Santa Tecla
y flanes que es un primor.
Con decirles que hace un año
hizo un bizcocho bailón
y no hubo quien lo cortara
porque nunca se paró.

RODRIGO Con todo esto que nos cuenta
pues muchísimo mejor.
¡Señores, en siete días,
buenas tardes y con Dios!

(Todos esbozan un gesto de despedida.)

Telón y fin del Acto Primero.

Acto Segundo

Una semana más tarde en el saloncito de la casa de doña MARGARITA *de la Nuez. Decoración de la época pero no demasiado recargada. Un gran reloj de pared que no funciona y con libre acceso a las manecillas, al que se acercarán puntualmente algunos personajes a fin de ajustar aquellas como mejor convenga. A la izquierda, una puerta que conduce al interior de la casa, y a la derecha la puerta de la calle. Se encuentra en escena* LUCÍA, *doncella y cocinera, pasando un plumero y dando los últimos toques antes de la llegada de los invitados. Mientras limpia, recita a media voz una letanía en latín. Instantes más tarde entra* MARGARITA *de muy buen humor.*

MARGARITA   ¡Ay, Lucía!, por favor,
no se pase usted de ñoña,
déjese de letanías
y cante cualquier historia.

LUCÍA   Es que estamos en cuaresma,
y andar con cánticos vanos
le aseguro que me espanta,
cuando dentro de unos días
será la Semana Santa.

MARGARITA   Estamos a lo que estamos,
            que está saliendo tan bien
            esta historia de la herencia
            que no lo puedo creer.
            Tres aspirantes zoquetes
            y un detective incapaz
            de conseguir sin ayuda
            averiguar la verdad.
            Claro, todo está entre hombres,
            y resulta poco serio
            aquello donde no está
            alguna mujer por medio.
            Cuando ellos se encuentran solos
            pierden el tiempo en pamplinas,
            sin centrarse en lo esencial
            porque nunca lo adivinan.
            ¿Ha visto a un hombre capaz
            de hacer él solo un buñuelo?
            Y total, es mezclar leche
            y un poco de harina y huevo.

LUCÍA   Mujer, algunos habrá,
            al menos los pasteleros.

MARGARITA   Eso es aparte,
            porque consiste en su oficio,
            yo me refiero a quien sepa
            resolver un tema nuevo
            sin hacer un estropicio.
            No hay que buscar más ejemplos
            que la situación de España,
            y el desgobierno que impera
            por ser revolucionaria.

Hace ahora un año largo
que de esa revolución
perdimos a nuestra reina,
pues de España se marchó.
Treinta y cinco años reinando
a los hombres les cansó,
y se fue Isabel II
a Biarritz a coger sol.
Y ahora se encuentra en París
exiliada con su hijo,
e inflándose a tomar té
con Eugenia de Montijo.
¿Y en el tiempo que ha pasado
los hombres han hecho algo?
Pegar unos cuantos tiros
y algaradas a caballo.
Si el Duque de Montpensier…
Que si Enrique de Borbón…
Para acabar en un duelo,
y de un tiro del primero
el segundo fue al cajón.
¡Huy, qué idea interesante
se me acaba de ocurrir!,
que no hay cosa que más guste
y más pueda entretener
a un hombre que así se estime
que un duelo al amanecer.

LUCÍA   ¡Por dios santo,
no habrá que llegar a tanto!
No creo que sea necesario
que haya de correr la sangre.

MARGARITA (*Poniéndose malévola.*)
Que corra lo que haga falta.
Margarita de la Nuez,
se lo digo en este instante,
solucionará este asunto
sin importarle que algunos
lleven los pies por delante.

LUCÍA (*Persignándose.*)
¡Jesús!

MARGARITA Basta ya de divagar,
¿cómo marcha la merienda?

LUCÍA Como tiene que marchar.
(*Se acerca al reloj de pared y ajusta las mane-*
cillas.)
Son las cinco menos cuarto
y está todo preparado:
el bizcocho, los pasteles,
las rosquillas al jerez…

MARGARITA Pero usted se ha equivocado,
eso es en el consomé.

LUCÍA Eso es donde más convenga,
pues siempre es bueno el jerez.
Y no venga con lecciones,
que de eso no sabe nada,
yo ejerzo de cocinera
y usted ejerce de gran dama.

MARGARITA Bueno, bueno,
no se ofenda,
que en eso lleva razón,
admito la reprimenda.
¿Y qué más ha cocinado?

LUCÍA Aparte de lo que he dicho,
y por si gustan salado,
unas croquetas de pollo
y muslitos empanados.

MARGARITA ¡Muy bien!

LUCÍA Pero eso no es todo,
porque tenemos a punto
y a justa temperatura
unos dedos de difunto.

MARGARITA ¡Por dios!,
¿y de qué se trata?

LUCÍA (*Se pone un poco macabra.*)
Es una antigua receta
que he heredado de una tía,
pero como gusta tanto
yo la paso como mía.
Todo comenzó en Teruel
una noche de febrero,
con un frío que pelaba
y velando a nuestro abuelo.
Como éramos tan pobres
no era cosa de tirar

cualquier cosa que a la postre
se pudiese aprovechar.
Por eso fue que mi padre,
recordando que tenía
igual número de pie,
a un descuido de mi abuela
que a la cocina fue un rato,
aprovechó la ocasión
y le quitó los zapatos.

MARGARITA   ¿Los zapatos del difunto?

LUCÍA   (*Afirmando con la cabeza.*)
En su descargo diré,
y esto en nada me incomoda,
que eran del mejor charol
pues fueron los de su boda.
Mi padre a los cinco años
con ellos se encandiló
cuando el suyo se casaba,
y al final los heredó.

MARGARITA   Pero esta historia tan larga
a comprender yo no acierto,
¿y qué tiene esto que ver
con los dedos de los muertos?

LUCÍA   Que no se llaman así,
sino dedos de difunto,
y por supuesto que existe
explicación a este asunto.
Mi tía Pepa, en paz descanse,

era famosa en Teruel
por hacer unos barquillos
rebozaditos en miel.
Y no se sirven calientes,
se toman, porque es mejor,
a temperatura ambiente.
Aquella noche los puso,
para endulzar la ocasión,
justo a los pies de la cama,
pues no había sitio mejor.
Como era el mes de febrero,
con el frío consiguiente,
se ponían como piedras
y cualquiera hincaba el diente.
Pero eso ya era sabido,
y no restaba valor
a quienes con mucha hambre
gustaban de su sabor.
Todo estaba como el hielo,
no había calefacción,
y al tacto no distinguías
si era un dedo del abuelo
o un barquillo de mi tía.

MARGARITA ¿No llevaba calcetines?

LUCÍA   ¡Los iba a dejar mi padre
cuando eran un primor,
y combinaban perfecto
con zapatos de charol!

MARGARITA Pero bueno, ¿qué pasó?

LUCÍA   ¿Pues qué habría de pasar?
               Sus huesitos quebradizos
               porque tenía muchos años,
               unido a la oscuridad
               y a lo que tengo explicado,
               acabaron con los dedos
               de nuestro pobre finado.
               Aunque se quiso tapar
               pronto se supo el suceso,
               y en memoria de mi abuelo
               desde entonces en Teruel
               como dedos de difunto
               se conocen esos dulces
               hechos de barquillo y miel.

MARGARITA   ¡Vaya cosa más macabra!
               Mas basta de tonterías
               y váyase a la cocina
               a acabar sus fruslerías.
               Y cuando toquen la puerta
               ya puede presto salir,
               que no es digno de una dama
               tener que salir a abrir.
               (LUCÍA, *después de una mirada poco amistosa a*
               MARGARITA, *sale por la puerta de la izquierda.*)
               No sé yo si esta ayudante…
               ¡Pero en fin, no hay otra cosa,
               seguiremos adelante!
               (*Llaman a la puerta de la calle.*)
               ¡Jesús!, si falta una hora,
               alguien se encuentra apurado
               y se nos ha adelantado,
               ¡Lucía!… ¡Lucía, por dios!

LUCÍA   ¡Ya voy, ya voy, tanta prisa!
           (*Mientras* LUCÍA *va a abrir la puerta de la ca-*
           lle, MARGARITA *se sienta en un sillón y simula*
           leer un libro. Al momento entra LUCÍA *seguida*
           de RODRIGO.)
           Señora,
           don Rodrigo Rajete.

RODRIGO   Buenas tardes.

           (LUCÍA *vuelve a la cocina.*)

MARGARITA Buenas tardes, don Rodrigo,
           pero si no entendí mal
           he escuchado un apellido,
           ¿me equivoco?

RODRIGO   ¡Voto a tal!,
           he tenido un *lapsus linguae*,
           o por decirlo mejor,
           hablando en términos llanos,
           la metí hasta el corvejón.

MARGARITA ¿Qué quiere decir con eso?

RODRIGO   Lo mismo que el otro día,
           que un detective no debe
           decir nunca su apellido,
           ya que debe mantener
           cierto halo de misterio;
           aparte que en su trabajo
           topa con gente muy rara,
           y cuantos menos conozcan

> referencias personales
> mucho mejor a la larga,
> que siempre puede surgir
> quien se quede con coraje
> y con el paso del tiempo
> de pronto te meta un viaje.

MARGARITA Puede que tenga razón,
       pero ya que usted lo ha dicho,
       ¿cómo era?… algo de Algete…

RODRIGO No señora, Algete no,
       que es un pueblo de aquí al lado,
       donde, por cierto, inventaron...
       los churritos de pescado.

MARGARITA ¿Está usted seguro de eso?

RODRIGO ¡Y yo que sé, qué más da!,
       lo he dicho según me vino,
       solo por disimular.

MARGARITA Pues dígame de una vez,
       ¿qué le pasa a su apellido?

RODRIGO *(Apesadumbrado.)*
       Que es Rajete.

MARGARITA ¿Y no le gusta?

RODRIGO ¿Y cómo me iba a gustar
       con lo fácil que resulta

que te quieran vacilar?
Con contarle que una vez
un cliente mejicano
no me llamaba Rajete,
se empeñó en decir Rajado.
Y como comprenderá,
con mi honra estando en juego,
un día no pude más
y el asunto acabó en duelo.

MARGARITA Pero se ve a simple vista
que sin duda usted venció.

RODRIGO No se crea, no del todo,
pues a la cita acudió
armado con un trabuco
que es típico de su tierra,
y aún me quedan perdigones
en alguna parte seria.

MARGARITA ¿No lo son todas acaso?

RODRIGO Es evidente que no.
Existen zonas del cuerpo
que son de pura jactancia,
luego hay órganos vitales,
y otros, aunque necesarios,
son de menor importancia.
Y por encima de todo,
continuando con la enmienda,
perdóneme que le diga
que están las partes pudendas.
Pero, en fin, dejemos esto

y basta de circunloquios,
que hay que centrar el asunto
que nos preocupa a nosotros.
Estamos dando rodeos
sin hablar de lo que importa,
y es preciso que lo hagamos
antes que lleguen los otros.

MARGARITA ¿Pretende usted hablar conmigo
del asunto de la herencia?

RODRIGO Por supuesto, a eso he venido.

MARGARITA Y se ha adelantado usted
por poder hablar a solas.

RODRIGO Está claro que así ha sido.

MARGARITA Pues no lo puedo entender.
Yo soy solo la anfitriona
que les ofreció su casa
sin el menor interés,
pensando en que resolvieran
este asunto de una vez.

RODRIGO Señora, no diga eso,
que no se lo cree ni usted.

MARGARITA ¡Caballero!, más respeto.

RODRIGO Señora, estoy a sus pies,
pero eso no cambia nada.

MARGARITA ¿Pero qué se piensa usted?

RODRIGO Pues pienso que aquí, señora,
no ha habido nada casual.
Que usted fue al parque aquel día
conociendo no sé cómo
la causa de mis pesquisas,
y fingiéndose tontuela
se hizo la encontradiza.
Dominó la situación,
se presentó a los señores,
y aprovechó la ocasión
de saber los pormenores.
Finalmente, se ofreció
a organizar en su casa
esta segunda reunión,
y yo acepté para ver
de verdad sus intenciones,
que a mí no me cuela nadie
dos pepinos por melones.

MARGARITA ¡Qué cosa más increíble
y en que fábulas se mete!
Me temo que desvaría,
lo siento, señor Rajete.

RODRIGO ¿Por qué entonces la defensa
que mantuvo con tesón,
llegando a hacerme dudar
entre la niña peluda
o bien el niño pelón?

MARGARITA   Del pelo yo nada dije,
                que eso se lo inventó usted,
                yo solo planteé la duda
                de que fuese una mujer.

RODRIGO   Esa misma es la cuestión,
                y nada me extrañaría
                que tenga la caradura
                de presentar a la herencia
                también su candidatura.

MARGARITA   ¡Rajete, ya me ha enfadado,
                y espero que ahora se calle,
                o le aseguro Rajado,
                que se va usted a la calle!

RODRIGO   Solo una cosita más,
                señora, ¿usted qué edad tiene?

MARGARITA   ¡Pero más impertinencias!
                ¿Cómo pregunta a una dama...?

RODRIGO   Señora, por sacar cuentas.

MARGARITA   Pues yo tengo… treinta y cinco.

RODRIGO   Pues yo pensé que cincuenta.

MARGARITA   ¿Cómo dice?

RODRIGO   Usted perdone,
                como cincuenta es la edad
                de todos los candidatos,

yo pensé que usted encajaba
dentro del mismo retrato.
Mas si asegura tener
una edad tan diferente,
claro está que se autoexcluye,
pues es prueba concluyente.
Le presento mis disculpas
y le ruego que comprenda
que cumplo mi obligación.
Si no tiene pretensiones
de reclamar esta herencia,
olvidemos el asunto
y perdone mi imprudencia.

MARGARITA   No creo que lo merezca,
pero está usted perdonado.

RODRIGO   Pues muchas gracias señora,
y emulando el portugués,
le quedo muy obligado.
Y ahora que todo está claro
puede que no venga mal
brindar con una copita
como señal de amistad.

MARGARITA   Por supuesto, don Rodrigo,
¿qué le apetece beber?

RODRIGO   ¿Por casualidad tendría
un poquito de chinchón?
Es que igual que el pobre occiso
que se llamó Ceferino,
también le tengo afición.

MARGARITA   Desde luego.
               ¿Seco o dulce?

RODRIGO   Seco, seco, por favor,
               el otro es de señoritas.

MARGARITA   No me diga.

RODRIGO   Sí señora.

MARGARITA   Pues me alegro de saberlo,
               porque así beberé yo.

               (Coge una campanilla y la hace sonar con fuer-
               za. Pasados unos segundos acude LUCÍA.*)*

LUCÍA   ¿Quería algo la señora?

MARGARITA   Sí Lucía, por favor,
               sirve, generosamente,
               dos copitas de chinchón,
               uno seco y otro dulce.
               Y trae para acompañar
               alguna de esas cosillas
               que te gusta preparar.

LUCÍA   Como mande la señora.

               (Sale de escena y vuelve a entrar inmediatamente
               llevando una bandeja con las dos copas ya ser-
               vidas y los dulces.)

RODRIGO   Esto sí que es eficacia,
             ¡qué fámula tan veloz!

LUCÍA   *(Habla mientras ofrece a cada uno su respecti-*
             va copa y coloca el plato de dulces sobre la mesa.
             Inmediatamente después se va.)
             No se crea caballero,
             es que al estar escuchando
             voy preparando las cosas
             mientras las van pronunciando.

RODRIGO   Eficaz puede que sea,
             pero muy poco discreta.

MARGARITA   *(Aparte.)*
             Y encima tonta de baba,
             si pudiese despedirla
             de esta ya no se escapaba.

             (Llaman a la puerta de la calle.)

RODRIGO   Bueno, ya vienen los otros.
             Son puntuales a la cita.
             (Señalando el reloj de pared.)
             ¿Me permite?

             (MARGARITA asiente y RODRIGO se acerca al re-
             loj para colocar las manecillas justo en las seis.
             Mientras tanto LUCÍA va a abrir la puerta y al
             poco vuelve anunciando.)

LUCÍA   Señora,
los señores del Castillo.

MARGARITA ¿Cómo dice?

LUCÍA   Cuando pregunté sus nombres
fue así como respondieron:
don Claudio del Castillo,
don Serafín del Castillo
y don Cosme del Castillo.

(Entran los tres al instante con un portafolio o un pequeño maletín cada uno, y saludan al unísono. LUCÍA *sale de escena.)*

CLAUDIO,
/SERAFÍN
/COSME   *(A coro.)*
Buenas tardes.

MARGARITA Pero bueno, ¿qué ha pasado,
de la noche a la mañana
se han convertido en hermanos?

CLAUDIO   ¿Hermanos, señora mía?

MARGARITA Claro está que lo parece,
ahora comparten Castillo,
y hasta hace unos pocos días
eran solo un Corbatín,
una Peña y un García.

SERAFÍN   No se preocupe por eso,
           es que hay mucho usurpador
           de este mi ilustre apellido,
           mas pronto se arreglará
           semejante desatino.

COSME   Seguro que así será,
           porque traigo preparado
           un dossier documentado
           que aclarará la verdad.

RODRIGO   Todo eso está muy bien,
           pero vayamos más lento,
           despacito y con un orden
           se aprovecha más el tiempo.

CLAUDIO   Ya usted lo aprovecha bien
           que se está pegando un tiento.

RODRIGO   Acompaño a la señora,
           tan solo por cortesía.

MARGARITA Pero siéntense, señores.
           (*Hace sonar la campanilla mientras llama.*)
           ¡Lucía! ¡Venga, Lucía!...

           (*Todos se acomodan mientras llega* LUCÍA.)

LUCÍA   ¿Qué desea la señora?

MARGARITA Que nos sirvas la merienda
           pues ya estamos al completo,
           y mejor, trae las botellas,

que dispongan libremente
los señores a su gusto.
Eso sí, prepara ya
el café y el chocolate
y tráelos justo en su punto.

LUCÍA   *(Con retintín.)*
¡Cómo entiende la señora,
y qué bien ordena todo!

MARGARITA ¿Qué dices, impertinente?
¡Ven aquí!
*(*LUCÍA *se acerca de mala gana y hacen un aparte.)*
Ten cuidado desgraciada
que Rajete desconfía,
y aunque creo que lo he engañado,
queda mucho todavía.

LUCÍA   *(En tono muy alto, pretendiendo ser escuchada por todos.)*
Bien, señora,
usted perdone.

*(*LUCÍA *se va, y a partir de ese momento va a entrar y salir dos o tres veces ordenando la merienda y ofreciendo bebidas y viandas, siempre cuidando de no interrumpir el correcto desarrollo de la acción. Una de las innumerables ventajas de representar esta magnífica obra es que los actores, que con excesiva frecuencia suelen pasar hambre por mor de la descabellada profesión*

que han elegido, se pueden poner como el Qui-
co -aunque nadie sepa en realidad quien es este-
a costa del productor.)

RODRIGO   Bien, ya estamos todos aquí.
Doña Margarita ha sido
muy amable al invitarnos,
y es magnífico el chinchón,
les aconsejo probarlo.

SERAFÍN   Yo no bebo, solo té.

RODRIGO   Pues lo siento por usted,
porque aparte de privarse
de este placer exquisito,
me temo que incumple entonces
uno de los requisitos.

SERAFÍN   ¿Cómo es eso?

RODRIGO   No sé si ya lo he explicado,
pero es tradición antigua
de la Casa del Castillo
no hacer ascos al alcohol,
ni tampoco a la morcilla.
No querrá que el buen don Juan
se nos remueva en la tumba
por tener un nieto abstemio
que nunca coge una curda.

CLAUDIO   Tome nota, don Rodrigo,
que yo el otro día en el parque,

sin ambages ni reparos,
alababa a las morcillas
que prepara el bar de abajo.
Y en lo tocante al licor,
soy famoso por mis monas,
que en bebiendo no distingo
si es lunes, martes o jueves,
o bien sábado o domingo.

Cosme   ¿Y los miércoles y viernes?

Claudio   Esos no puedo beber
que hay una buena razón,
y es que asisto a los oficios
del Sagrado Corazón.

Cosme   Pues fíjese usted que yo,
sin reparar en oficios,
me cojo las melopeas
tan solo por puro vicio.
Y no lo puedo evitar,
que seguro que me viene
de mi querido papá,
y, por ende, lo he heredado
de mi abuelito don Juan.

Rodrigo   Señores, no se peleen,
y entremos a analizar
las pruebas que hayan traído
y puedan interesar.
Debemos seguir un orden,
alfabético tal vez,
¿cómo eran sus apellidos?

MARGARITA No nos sirve, don Rodrigo,
¿no recuerda que ahora todos
descienden de Juan Castillo?

RODRIGO Es verdad, habrá que optar
solo por nombres de pila:
don Claudio, don Serafín
y don Cosme.

CLAUDIO Entonces comienzo yo,
porque igualando en la ce
a don Cosme,
manda la segunda letra,
y la ele gana a la o.

RODRIGO Verdad es,
empezamos por usted.
Cuéntenos pues, por favor,
si es posible sin matices,
aquello que haya encontrado
rebuscando en sus raíces.
Es decir, solo la enjundia,
y si se entiende mejor,
céntrese en lo principal,
sin obligarnos a oír
lo que no pueda importar.

CLAUDIO Lo entiendo perfectamente,
y así les voy a narrar,
brevemente y sin rodeos,
lo importante nada más.
No me avergüenza decir
que soy de origen humilde,

y que mi cuna no fue
más que un cestito de mimbre.
Pero para más desgracia
yo nunca tuve papá,
murió antes de que naciera
según me dijo mamá.
Contando con pocos años
también me acabe enterando
que ellos nunca se casaron,
y aquello me fue marcando.
Sufrí un complejo de culpa
por haber venido al mundo
que nunca quería salir,
y encerrado siempre en casa
solo me quería morir.
Con el paso de los años,
que la vergüenza era mucha,
comencé a salir apenas,
pero siempre con capucha.
No quería que mi cara
viesen mis conciudadanos,
y dijesen a mi paso:
¡Es el fruto del pecado!

MARGARITA   Hombre, no era para tanto,
que un hijo siempre es de dios,
sin importar que sus padres
estén casados o no.

CLAUDIO   (*Angustiado y lloroso.*)
Eso al fin lo comprendí,
pero entretanto sufría,
¡y caray, cuanto sufrí!

MARGARITA (*Acercándose a* CLAUDIO *y dándole unos toque-*
citos en la espalda.)
Venga, venga, no hay motivo
para que se ponga así.
Tómese un traguito de esto.
(*Ofreciéndole cualquier botella.*)
O si prefiere, un anís.

CLAUDIO Muchas gracias, muy amable,
un chinchón, como el señor.
(MARGARITA *sirve la copa y se la da.* CLAUDIO *bebe*
un largo trago y continúa hablando.)
Perdonen la interrupción,
es que soy hombre emotivo
y me llega al corazón
ver sufrimiento en la gente,
sobre todo si soy yo.
Don Rodrigo, con astucia,
nos ha dicho que conoce
datos que son esenciales,
pero no los descubrió.
Por eso espera él ahora,
escuchando estas historias,
comprobar en cada caso
lo que encaja y lo que no.
El lugar del nacimiento,
la hora exacta, la partera,
y aquel día que a papá
le dieron la papeleta
para no volver jamás.
Yo traigo todo apuntado,
y en lo que ha sido posible
viene bien documentado.

Por eso no voy a entrar
en explicar más detalles,
que es probable que algún otro,
atento a mi exposición,
pretenda luego hacer suyo
algo que he contado yo.
(Saca la documentación y se la entrega a Ro-
drigo.)
Don Rodrigo, el expediente.
Luego, con tranquilidad,
usted estudiará las pruebas,
que, sin duda, lograrán
convencerle que en mi caso
se ajustan a la verdad.

RODRIGO   Eso es muy inteligente.
            ¿Queda algo?

CLAUDIO   Poco más,
            pero estimo que importante.

RODRIGO   Dígalo pues.

CLAUDIO   Allá va.
            Cuando mi madre moría,
            sufriendo su desventura,
            la acompañaba una tía
            que de oído era algo dura.
            Ya en su última agonía
            mi tía creyó entender
            que mi madre, delirando,
            la pobre quería comer.

Y asimismo le entendió
que le diera en un palillo
pinchadito con cuidado
un pimiento del piquillo.
Le gustaban a mi madre
rellenitos de cecina,
y mi tía por darle el gusto,
fue a buscarlo a la cocina.
Cuando volvió junto a ella
con el pimiento ensartado,
mi madre dijo gritando:
«¿Dónde vas con el piquillo?,
lo que te dije es que Claudio
es hijo de del Castillo,
por mas señas, Ceferino».
Y en ese instante, sin más,
dejó esta vida llevando
en sus labios a papá.

MARGARITA Para ser dura de oído
muy bien entendió su tía
esas últimas palabras.

CLAUDIO *(Exaltado.)*
Es que es cosa bien sabida
que viendo ya la mortaja
sacas fuerzas de flaqueza
y habla bien hasta un tartaja.
Mi madre se hizo entender
con el aliento postrero
de quien quiere hacer saber
la verdad al mundo entero.

RODRIGO   No se exalte, que lo entiendo,
          mas tengo curiosidad,
          ¿usted conocía esta historia
          en el parque el otro día?

CLAUDIO   No por cierto, que fue ayer
          cuando confesó la tía.
          En respuesta a las presiones
          que he hecho a toda la familia
          al final decidió hablar,
          disculpando su tardanza
          en contarnos este asunto
          diciendo que al fin y al cabo
          era hablar mal de un difunto.
          Y ya para terminar,
          don Rodrigo, hay una cosa
          que quisiera preguntar.

RODRIGO   Pregunte usted sin reparo.

CLAUDIO   ¿Cuál es el nexo de unión
          que nos vincula a los tres
          y con motivo del cual
          a elegirnos llegó usted?

RODRIGO   Pues está bastante claro.
          Averiguado en que día
          se produjo el nacimiento,
          era cosa de acudir
          al Registro y sus asientos.
          No consta lugar exacto
          pues solo pone Madrid,
          ni tampoco está la hora,

pero sí que se averigua
cuando son mujeres solas
y padre desconocido,
llevando solo los niños
de aquellas el apellido.

MARGARITA ¿Y solo buscó varones?

RODRIGO Ya le he dicho que así fue.

MARGARITA Pues me temo caballero
que se ha equivocado usted.

RODRIGO Pues yo me temo, señora,
que en eso no hay vuelta atrás,
y no siga de pesada
porque nada cambiará.
Don Cosme, le toca a usted,
si don Claudio ha terminado.

CLAUDIO Por supuesto, don Rodrigo,
concluí mi intervención,
ahora espero que el destino
dilucide esta cuestión.

RODRIGO Muy bien.
Don Cosme,
cuando usted quiera.

COSME Antes que nada, señores,
tengo que manifestar
que este asunto para mí
ha sido triste y penoso,
pues aunque quiero la herencia,

como la quiere los otros,
no resulta baladí
una cuestión de conciencia.

MARGARITA ¿De conciencia?

COSME Sí señora.

(*En ese momento entra* LUCÍA *con una bandeja de dulces.*)

LUCÍA Aquí traigo justo a punto
los deditos de difunto.

(*Todos se quedan sorprendidos.*)

MARGARITA No se le ocurra a ninguno
preguntar de qué se trata,
y Lucía, vete pronto
y deja de dar la lata.
(LUCÍA, *tras una mirada asesina a* MARGARITA, *pasa con la bandeja ofreciendo los «deditos» -que no acepta nadie, claro- y, después de dejarla sobre una mesa, se va para no volver a salir durante el resto del acto.*)
Discúlpenla, por favor,
vamos a tener paciencia,
y don Cosme, siga usted
hablando de su conciencia.

COSME Voy a intentar explicarme
para que ustedes me entiendan.
Yo no conocí otros padres

en toda la vida mía
que aquellos que me acogieron:
los señores de García.
Como tales los respeto,
que han sido buenos conmigo,
me educaron con cariño
y me dieron su apellido.
No es que sea muy ilustre,
pero eso poco me importa,
son gente seria y honesta,
aunque de mente algo corta.
Y digo lo de la mente
porque siempre me ocultaron,
a ver si no me enteraba,
que yo era un niño adoptado.
Me sacaron de la inclusa
antes de que gateara,
y todas mis pertenencias
eran un pobre pijama.
Aunque parezca mentira
de esta historia del averno
me he enterado hace unos días
y no fue fácil saberlo.
Que aunque pregunté insistente
a los señores García,
continuaban con el cuento
de que les pertenecía.
Pero en un rato que pude
coger a mi madre a solas,
entiéndase, la adoptiva,
mi furor ya no contuve,
y echándole mano al cuello
y llamándola pelleja

le dije con insistencia:
¡confiesa, confiesa vieja!
Con la lengua ya por fuera
me confesó la verdad,
cómo salí de la inclusa
por la puerta de detrás.
Cómo me escondió mi padre,
repito que el adoptivo,
para al poco de aquel trance
hacerme pasar por hijo.
Pues en los meses de atrás
su mujer había llevado
un cojín en la barriga
por parecer en estado.
Y así en el barrio un buen día,
sin pasar por los dolores,
nació el niñito García
en la calle de las Flores.

RODRIGO ¿Y tiene usted alguna prueba
      especial que venga al caso?

COSME   Por supuesto que la tengo.
      (Saca una carpeta y un pijamita de bebé muy vie-
      jo y se los entrega a RODRIGO*.)*
      Tome usted.

RODRIGO ¿Qué me da aquí?

COSME   Documentos de la inclusa
      que he podido conseguir.
      Y por encima de todo
      una prueba concluyente,

el pijama que en su día
tenía puesto al ingresar,
muy gastado por los bajos,
porque según me han contado
me ingresaron sin pañal.

MARGARITA   ¿Y de qué vale el pijama?

COSME   Señora, si mira bien
en la parte del altillo
verá que en fino croché
hay dibujado un castillo.

RODRIGO   ¿Y piensa que es un mensaje?

COSME   Caballero, está muy claro
que pensaba en mi linaje
quien bordó este pijamita,
si así no fuese podría
haber puesto un corazón
o quizá una palomita,
¡cualquier cosa, qué sé yo!

MARGARITA   Y don Cosme, dígame,
¿su problema de conciencia?

COSME   ¿No lo entiende todavía?
¿No comprende que si soy
el hijo de Ceferino,
con tal de cobrar la herencia
repudiaré a los García?
Y todo el mundo en el barrio
descubrirá la verdad,

y semejante vergüenza
seguro los matará.

MARGARITA Pero si usted estuvo a punto
de asesinar hace días,
¿cómo se preocupa ahora?

COSME Aquello fue un arrebato
porque estaba un poco ido,
pero les juro, señores,
que ya estoy arrepentido.
Lo doy por bien empleado,
que así pude descubrir
la verdad de mi pasado.
¡Y acabando, qué diantres,
dejemos tanta pamplina,
sigo la voz de mi sangre
y a otra cosa Catalina!

RODRIGO ¿Catalina?…
¿Quién es esa?

COSME Catalina es mi mujer,
y siendo una loca obsesa
nunca la puedo entender.
Se enrolla de mil maneras
con cosas muy complicadas
y yo le digo: ¡a otra cosa!,
y se va como si nada.
Por eso me he acostumbrado
cuando algo me causa inquina
a decir sencillamente:
¡a otra cosa Catalina!

RODRIGO   Curiosa la explicación,
y le admiro, caballero,
si yo le digo a mi Pepa:
¡a otra cosa Josefina!,
al día siguiente no tengo
donde ponerme el sombrero.

COSME   Cuestión de carácter es,
pero bueno, ya acabé.
Espero que esos papeles
y desde luego el pijama,
puedan convencerle a usted.

RODRIGO   Ya veremos, ya veremos,
que aún tenemos que escuchar
a uno de los candidatos.
Don Serafín.

SERAFÍN   Bien está,
parece que hablo yo al fin
para decir la verdad.
Perdónenme que les diga
que aquí no existe vergüenza.

RODRIGO   ¿Cómo dice?

SERAFÍN   Lo que oye,
y empezando por usted.
Se ha atrevido a cuestionar
mis derechos a la herencia
porque no quiero libar
de acuerdo con mi conciencia.
Si usted gusta del chinchón

porque es un perdulario,
yo más gusto del rosario
y de la buena oración.

CLAUDIO   No sé qué tiene que ver
una cosa con la otra,
a mí me gusta beber,
y como ya dije antes,
nunca pierdo la ocasión
de asistir a los oficios
del Sagrado Corazón.

SERAFÍN   Caballero, cállese,
que no me dirijo a usted,
aunque no dude que luego
también me referiré.

RODRIGO   Por alusiones contesto:
usted aparte de meapilas
debió nacer de un incesto,
pues es sabido que entonces
los niños salen muy lerdos.

SERAFÍN   ¿Cómo me dice esa infamia?

RODRIGO   Y además añadiré
que si así lo concibieron,
es inútil que se empeñe
en que don Juan fue su abuelo.
Pues como ha sido la historia
muy difícil sería eso.

SERAFÍN   No tolero, caballero,
que me insulte de esta forma.
Pero, claro, ahora comprendo,
ustedes puestos de acuerdo,
y sabiendo que yo soy
el verdadero heredero,
pretenden con artimañas
quedarse con mi dinero.
Uno nos cuenta una historia
de su desgracia de niño,
una madre moribunda
y un pimiento del piquillo.

CLAUDIO   ¡Pues no ha nombrado a mi madre!

SERAFÍN   El otro centra su drama
hablándonos de la inclusa
y casi mata a una vieja
por ser un poquito obtusa.

COSME   ¡También habla de la mía,
aunque solo sea adoptiva!

SERAFÍN   Y esta señora, por fin,
nos invita a merendar,

pero visto este pastel
también nos querrá cobrar.

MARGARITA   ¡Qué ordinario, caballero!
(Dirigiéndose al público.)
¡Esta es mi oportunidad,

ya se ha armado la trifulca,
la tengo que rematar!
(Volviéndose a los demás.)
Señores, tengamos calma.

Serafín   *(Sacando sus documentos.)*
Señora, deje acabar,
que aún no entregué
mis papeles.

Rodrigo   Pues se los vuelve a guardar,
y los usa donde pueda,
que por respeto a la dama
no le indico en qué lugar.

Serafín   ¿No los quiere?
Eso demuestra
que yo he dicho la verdad.

Margarita   ¡Por dios, por dios,
que es mi casa,
volvámonos a sentar,
y analicemos despacio
lo que acaba de pasar!
(Todos ocupan su asiento menos Margarita, *y se
serena un poco el ambiente.)*
Don Serafín se ha excitado,
y no se puede negar
que nos ha insultado a todos,
y sin motivo además.
Por eso estimo, señores,
que aquí lo mas conveniente

es que diriman en duelo
esta actitud impertinente.
Yo misma le retaría,
mas no puedo por ser dama,
¡y sabe dios que querría!
Ahora corresponde a ustedes
tomar una decisión,
si son hombres, ya lo saben,
está clara la cuestión.

RODRIGO   Por supuesto que está clara,
y el primero seré yo.
(Se acerca al reloj de pared.)
¿Me permite la señora?

MARGARITA   Por supuesto, don Rodrigo.

*(*RODRIGO *coloca las manecillas marcando las siete y cuarto. Luego, se aproxima muy despacio a
SERAFÍN.)*

RODRIGO   Caballero, me ha insultado
al llamarme perdulario,
y sepa usted, señor mío,
que en lo tocante a mi honor
yo no permito ni pío.
Ahora son las siete y cuarto,
como muy bien puede ver;
pues bien, de aquí en doce horas,
y aún siendo mañana fiesta,
iremos con las pistolas
al parque de La Floresta.

(Hace ademán de retirarse pero de nuevo se encara con SERAFÍN.)
Discúlpeme, me olvidaba.

(Saca un guante y se lo tira a la cara.)

SERAFÍN   Se ve claro, don Rodrigo,
que en esto no está muy puesto.
Claro está, el duelo es
una cuestión de señores,
y usted sabe poco de esto.
Sepa que en primer lugar
el arma siempre la escoge
el retado, no quien reta,
y la hora y el lugar
los padrinos los acuerdan.
Pero en fin,
como usted quiera:
siete y cuarto de mañana,
el parque de La Floresta,
y a pistola...
Está muy bien,
porque habiendo terminado,
y una vez desayunado,
llego a la misa de diez.
Y otra cosa...
(Recoge el guante y se lo tiende a RODRIGO *que lo guarda.)*
Ya puede guardar el guante,
que yo ya lo he recogido,
y aunque es un gesto elegante,
ya no se usa, don Rodrigo.

CLAUDIO ¡Esto no ha acabado aquí,
porque yo también le reto!

COSME ¡Y yo después!

SERAFÍN Señores, simplifiquemos,
don Claudio a las siete y media,
don Cosme a las menos cuarto,
y después de ese dislate
tomaré a las ocho y media
mis churros con chocolate.
¿Piensa alguno que me arredro
aún siendo todos a un tiempo?
¡Don Serafín de la Peña,
rebautizado Castillo,
a todos se ha de enfrentar
emulando las hazañas
del famoso D'Artagnán!
Y más siendo, como soy,
campeón de España de tiro.

RODRIGO ¿Campeón de España?

SERAFÍN Por supuesto, don Rodrigo.
Hace más de veinte años
que soy el numero uno
en el tiro de arma corta.
Y en honor a la verdad
debo decir que me esmero
practicando especialmente
con las pistolas de duelo.

RODRIGO   Pues vaya casualidad.
               (Se queda pensativo unos instantes.)
               Señores, reflexionando,
               puede que don Serafín
               cuando dijo perdulario
               no fuera pensando en mí.
               Igual fue en usted, don Claudio,
               que tamb">én toma chinchón,
               o lo dijo, simplemente,
               por cualquier otra razón.
               Pues si bien el diccionario
               cual vicioso incorregible
               nos define al perdulario,
               también es cierto que dice
               que es quien pierde con frecuencia
               las cosas que le son propias,
               y eso tengo que admitir
               que aunque trato de evitarlo
               me pasa continuamente.
               Estimo pues que el señor,
               ya que fácil lo advirtió,
               es un hombre inteligente.

MARGARITA   En honor a su apellido,
               ya se ha rajado, Rodrigo.

RODRIGO   De eso nada, solo quiero
               ser justo en esta ocasión,
               por eso cancelo el duelo
               y además pido perdón.
SERAFÍN   No es tan fácil, caballero,
               usted me ha ofendido a mí.

RODRIGO Llevado por la pasión
dije algunas tonterías,
las retiro por completo.

COSME Don Serafín, ¿también puedo
cancelar lo de mi duelo?
Es que pensándolo bien
usted nombró a mi mamá,
pero solo a la adoptiva,
que en realidad no es igual.

SERAFÍN Me imagino que don Claudio
se apunta a la desbandada.

CLAUDIO Se equivoca, caballero,
que yo no me apunto a nada.
Mañana, a las siete y media,
ya nos veremos las caras.

SERAFÍN Pues, muy bien,
hasta mañana.

RODRIGO Señores, ¿y los padrinos?

SERAFÍN Séanlo ustedes de los dos.
Si don Claudio está de acuerdo,
y aunque ortodoxo no sea,
compartamos los padrinos
y así nadie más se entera.

Que por encima de todo
tiene que haber discreción.

(Claudio *asiente.*)

Cosme   ¿Y el médico necesario
en llegada la ocasión?

Serafín   No se preocupe don Cosme,
siempre apunto al corazón.

Margarita Por si acaso, yo me ofrezco.
Iré allí con mi doncella
por lo que pueda pasar,
si hay un herido, a curarlo,
si hay un difunto, a rezar.

Rodrigo Pues ya está todo arreglado.
Cuando den las siete y media,
y en aquel mismo lugar
donde ya nos reunimos,
nos volvemos a encontrar.
¡La alameda principal
del parque de la Floresta,
será testigo mañana
de cómo acaba esta gesta!

Telón y fin del Acto Segundo.

El «Actito»

Idéntica localización que en el primer acto. Al abrirse el telón no hay nadie en el escenario y la luz marca el típico ambiente del amanecer. Al poco entran MARGARITA *y* LUCÍA *por el lateral izquierdo, llevando una gran maleta cada una y una pequeña cestita de mimbre.* LUCÍA *se retrasa.*

MARGARITA Démonos prisa, Lucía,
que ya no pueden tardar
pues está clareando el día.

LUCÍA ¡Es que con estas maletas!...
Ya las pudimos dejar
y a la vuelta recogerlas.

MARGARITA Pero no me sea tan lerda,
no se percata que en cuanto
termine toda esta historia
hay que marcharse de aquí,
y no volver para nada
a la calle de Alcañiz.
Ahora esconda las maletas
detrás de aquella arboleda.
*(*LUCÍA *carga con las dos maletas y sale por el lateral derecho.* MARGARITA *se acerca a uno de los bancos y coloca en él la cestita de mimbre. Saca de esta una botella y la mira fijamente.)*

Esta pobre de Lucía
no se da cuenta de nada,
pero en fin, queda muy poco,
y la suerte ya está echada.

(MARGARITA *vuelve a guardar la botella en la cesta y* LUCÍA *entra por el lateral derecho al mismo tiempo que* SERAFÍN *lo hace por el izquierdo, con la caja de las pistolas de duelo debajo del brazo.*)

SERAFÍN   Buenos días.

MARGARITA   Buenos días, don Serafín,
              ¿ha pasado bien la noche?

SERAFÍN   Como un niño y muy feliz,
              he dormido a pierna suelta.

MARGARITA   Pues qué bien.

SERAFÍN   Diga que sí.
              ¿No ha llegado ningún otro?

MARGARITA   Solo mi doncella y yo.

SERAFÍN   ¿Se habrá rajado don Claudio?

MARGARITA   Pues espero yo que no.

SERAFÍN   ¿Pero qué le va a usted en esto?

MARGARITA   No me va nada, señor,
              se trata solo, si quiere,

de mera cuestión de honor.
¿O es que acaso no recuerda
que usted también me ofendió?

SERAFÍN   En ese caso lo siento,
que yo soy un caballero
y en cuanto encuentro a una dama
me quito siempre el sombrero.
Ayer puede que llevado
por el genio del momento
le dijese alguna cosa
que en el fondo yo no siento.
Téngame por disculpado
porque mucho lo lamento.

MARGARITA   Lo disculpo,
está olvidado.

(*Entra* CLAUDIO.)

CLAUDIO   Buenos días tengan todos.

SERAFÍN   ¡Hombre!, don Claudio ya vino,
pero a pesar de la hora
aún nos faltan los padrinos.

(RODRIGO *entra precipitadamente.*)

RODRIGO   El padrino ya llegó,
porque solo queda uno.

MARGARITA   ¿Y don Cosme?

RODRIGO   Se murió.

MARGARITA   ¿Cómo dice?

RODRIGO   Sí, señora,
             de un tiro que se pegó.
             (LUCÍA *se persigna*.)
             Fui a buscarlo esta mañana,
             como estaba convenido,
             para llegar aquí juntos
             como hacen los padrinos.
             Allí me encontré un revuelo
             de vecinos y mirones
             y a don Cosme por el suelo
             en muy malas condiciones.

CLAUDIO   ¿Y qué fue lo que pasó?

RODRIGO   Eso mismo dije yo,
             y el que escuchó mi pregunta
             puestos los pelos de punta
             esta historia me contó.
             Don Cosme anoche se fue
             a casa de los García,
             pues en el fondo, señores,
             su actitud le remordía.
             Allí se encontró con algo
             que era para helar la sangre,
             el viejo sobre la vieja
             y los dos como un fiambre.
             Según parece a la vieja,
             cuando Cosme la apretó
             le estrechó las tragaderas,

y no las recuperó.
Ayer comió una aceituna,
como era su afición,
y no pudiendo tragarla
asfixiada se murió.
El viejo, con la impresión,
e intentando socorrerla,
de un colapso la siguió.
Y cuando don Cosme supo
todo lo que allí pasó,
agenciose una pistola
y los sesos se voló.

MARGARITA   *(Dirigiéndose al público.)*
Al fin ya se marchó uno,
esto está yendo mejor.
(Volviéndose a los demás.)
¡Dios mío, vaya impresión!
Pero, en fin, así es la vida,
paciencia y resignación.
Como imagino que ustedes
van a empezar con su duelo,
permitan que nos vayamos
que no es cosa de mujeres.
Nosotras nos quedaremos
detrás de aquella arboleda
y si hace falta vendremos.
Por si gustan tomar algo
hemos preparado aquí
unas pastas deliciosas
y una botella de anís.
Las pastas son lo de menos,
pero beban el licor

que seguro no han probado
en su vida otro mejor.

(Margarita y Lucia *salen por el lateral derecho.*)

Serafín   Don Rodrigo, ya es la hora,
y como único padrino
compruebe usted las pistolas.

(Rodrigo *abre la caja y manipula las pistolas
mientras* Claudio *y* Serafín *se desprenden de sus
levitas y se preparan para el duelo.*)

Rodrigo   Por mi parte, caballeros,
encuentro todo correcto.

Claudio   Si es así, señores míos,
no perdamos más el tiempo.

Serafín   ¿Tiene prisa por morir?

Claudio   Solo pretendo acabar,
pues si usted quiere ir a misa
yo hoy tengo que comulgar,
y hasta tanto, caballero,
no puedo desayunar.

Rodrigo   Pues elijan sus pistolas.
(*Ambos cogen sus respectivas pistolas y, como es
tradicional, se colocan espalda contra espalda.
Esperemos que el teatro tenga la embocadura*

necesaria para que puedan avanzar los pasos co-
rrespondientes.)
¿Preparados?

SERAFÍN   Por supuesto.

CLAUDIO   Yo también.

RODRIGO   Pues entonces
contaremos hasta diez,
dando despacio y de frente
un paso de cada vez.
Cuanto termine la cuenta
se vuelven y ambos disparan.

SERAFÍN   Así lo haremos.

CLAUDIO   Muy bien.
(RODRIGO comienza a contar mientras CLAUDIO
y SERAFÍN dan los pasos de rigor. Llegado el mo-
mento ambos disparan y CLAUDIO cae al suelo con
la camisa manchada de sangre a la altura del co-
razón -¡que quede natural, ¡eh!-.)
¡Dios mío, soy hombre muerto!

SERAFÍN   Pues ya lo he advertido yo,
que en cuanto apunto no fallo,
exacto en el corazón.

RODRIGO   Me extraña un poco el suceso,
pues si es en el corazón

no creo que hablase el occiso,
pero igual tiene razón.

CLAUDIO   ¡Adiós mundo, ya me voy!

(Como vulgarmente se dice, se queda tieso.)

SERAFÍN   Lo ve, ya estiró la pata,
o mejor dicho la pierna,
que hay que guardar un respeto
a quien en duelo la palma.
Esas últimas palabras
que salieron de su boca
son fruto de ese momento
en que la mente no sabe
que ya se le murió el cuerpo.
Yo sé de un ajusticiado,
que perdida la cabeza,
mirando fijo al verdugo
lo maldijo el deslenguado.
(Mientras hablaba SERAFÍN, RODRIGO *se ha acer-
cado a* CLAUDIO *y ha comprobado su muerte.)*
¿Está cadáver del todo?

RODRIGO   Lo está, no le falta nada,
únicamente, tal vez,
que le pongan la mortaja.

SERAFÍN   Entonces, caso resuelto.
Y ahora dígame, Rodrigo,
¿cómo piensa usted arreglar
ese asunto tan difícil
de la herencia de don Juan?

RODRIGO   Pues verá, don Serafín,
              muertos ya dos candidatos
              solo me queda usted a mí.

SERAFÍN   Aún no ha visto mis papeles.

RODRIGO   En realidad no hace falta.

SERAFÍN   ¿Insiste pues en negarse
              a estudiar mis documentos
              y a permitir que me explique
              aunque solo sea un momento?

RODRIGO   No lo voy a permitir
              porque eso ya es lo de menos.
              Con lo que ayer escuché
              y leyendo sus escritos
              no me cabe duda alguna
              que el nietito está aquí frito.

SERAFÍN   ¿Don Claudio?

RODRIGO   Don Claudio era,
              y si hoy no le dije nada
              fue esperando a que ocurriera
              el resultado del duelo,
              por no añadir, si moría,
              a la muerte, el desconsuelo.

SERAFÍN   No tengo pues esperanza.

RODRIGO   Depende, vamos ahora
              a pensar esto despacio.

Usted se parece al muerto
en todo lo principal,
lo demás son meras pruebas
de tipo circunstancial.
Tenga en cuenta que hasta ahora
solo he conocido yo
la marcha de este proceso,
pues fui quien lo investigó.
Arreglando unas cosillas,
falseando algún documento,
y aprovechando papeles
que nos ha dejado el muerto,
tal vez pudiese pasarlo
a usted por el heredero.

SERAFÍN   ¿Sería usted capaz de eso?

RODRIGO   Al fin y al cabo, ¿qué importa?,
si usted no cobra la herencia
la gastarán unas monjas
en cirios y en penitencias.

SERAFÍN   Es que soy hombre creyente,
y rechaza mi conciencia
robarle a unas religiosas
usurpándoles la herencia.

RODRIGO   ¿Sabe a qué puede ascender?

SERAFÍN   No lo diga, por favor,
que siento como el demonio
se apodera de mi ser,

y me invade la avaricia
sin poderla contener.

RODRIGO Si no quiere, no le digo,
pero piense en dos cubanas
una puesta a cada lado
metiditas en su cama.
En su mano un puro habano,
y en la otra un vaso de ron,
y las cubanas no digo
lo que tienen en la mano,
que imaginarlo es mejor.

SERAFÍN ¡Este hombre es el demonio!
(*Duda unos instantes.*)
Pues me lanzo, sí señor,
pero claro, usted seguro
querrá una compensación.

RODRIGO Solo el cincuenta por ciento.

SERAFÍN ¿Qué me dice?

RODRIGO Lo que oyó,
sin mí no tiene usted nada.

SERAFÍN Pues no le falta razón.
(*Le tiende la mano y ambos se la estrechan.*)
Trato hecho.

RODRIGO Trato hecho.
Viajaremos a La Habana

para cobrar enseguida,
y cuando hayamos cobrado,
¡a pegarnos la gran vida!
¿Y sabe usted que le digo?...
(Mientras habla se acerca a la cesta de mimbre
y saca la botella de anís y dos copitas.)
Que ahora recuerdo una cosa
que había en esta cestita,
que nos trajo con cariño
nuestra amiga Margarita.

SERAFÍN   Don Rodrigo, yo no bebo.

RODRIGO   ¡Déjese de tonterías!
¿Piensa usted que va a aguantar
el ritmo de las cubanas
mucho tiempo sin libar?
Allí viven de otra forma,
(Bailotea un poco en plan caribeño.)
siempre moviéndose al son
de una música excitante,
y entre los bailes y cantes
grandes tragos de buen ron.

SERAFÍN   De acuerdo, me ha convencido,
comenzaré a practicar,
aunque pienso que a mis años
un poco me va a costar.

RODRIGO   ¡Qué dice!, a las cosas buenas
uno se adapta enseguida,
¡ya verá este quitapenas,

un traguito de mañana
parece que te da vida!

*(Sirve las copas y ambos las colocan en posición
de brindis.)*

SERAFÍN   Quiero levantar mi copa
para brindar por mi abuelo.
¡Por ti va, Juan del Castillo,
que nos miras desde el cielo!

RODRIGO   No provoque, Serafín,
que en realidad no es su nieto,
y si se enfada don Juan
y tiene alguna influencia
en aquellas zonas altas,
tal vez nos mande a los dos
un mal rayo que nos parta.

SERAFÍN   Es verdad, no había pensado.
¡Don Juan, de lo dicho nada!

RODRIGO   Confiemos en que a esta hora,
siendo como es tan temprano,
don Juan duerma todavía
y tal vez no le ha escuchado.
¡Bebamos pues!

SERAFÍN   ¡Pues bebamos!
(Ambos apuran completamente las copas.)
¡Diantres, no está tan mal!

RODRIGO   Sin embargo, yo le noto
            algo rasposo al tragar,
            no sé, y un regusto extraño
            que deja en el paladar.

SERAFÍN   Oiga, y cuando hemos dicho
            los dos eso de: ¡bebamos!,
            ¿no le recuerda a usted algo?

RODRIGO   A mí no.

SERAFÍN   Pues yo diría,
            que aunque un tanto diferente,
            lo he escuchado en algún sitio,
            y no me viene a la mente.

RODRIGO   ¿Y tiene alguna importancia?

SERAFÍN   Claro está que no la tiene,
            pero es que me da coraje
            cuando quiero recordar
            una cosa, y no me viene.
            (SERAFÍN *se queda pensativo unos instantes
            mientras* RODRIGO *observa con aprensión la bo-
            tella de anís.)*
            ¡Ya lo recuerdo!
            No era igual, mas parecido,
            y se dice en una escena
            de un drama de poca monta
            que lo llaman «El Tenorio».
            Seguro que en unos años
            nadie recuerda ese rollo.

RODRIGO ¡Empiezo a encontrarme mal!...
         ¡Siento una angustia infinita!...

SERAFÍN Pues yo estoy como una rosa,
         y usted que tanto presume
         se pone de esta manera
         solo por una copita.

         (RODRIGO *empieza a tambalearse.*)

RODRIGO ¡Pero estoy perdiendo el tino,
         se me nubla la visión,
         y un creciente desatino
         oscurece mi razón!

SERAFÍN Me impresiona, don Rodrigo,
         y no sé si es la razón
         de que sienta dando botes
         en mi pecho el corazón.

RODRIGO ¿También sufre los espasmos?
         Don Serafín, rece usted
         porque ya se acerca el fin.

SERAFÍN ¿Cómo dice?...
         ¿Cree que don Juan me escuchó?

RODRIGO Creo más bien que Margarita
         sin más nos envenenó.

         (*Los dos ya están en las últimas. Dejo al director
         y a los actores la responsabilidad de una «buena»
         muerte -entiéndase, en términos teatrales-.*)

Serafín ¿Y por qué había de hacer eso?

Rodrigo *(Ya agonizando.)*
No lo sé, pero siempre tuve dudas
con respecto a esa mujer.
Ya me lo decía mi padre,
que pronto volveré a ver,
¡no te fíes de ninguna!,
y lo acabo de entender.

(Para ser respetuoso: estira la pierna.)

Serafín ¡Se ha ido, viven los cielos,
y yo marcharé detrás,
y aunque tú no seas mi abuelo,
hasta pronto, buen don Juan!

*(Como era de esperar, sigue el mismo caminito
que* Rodrigo. *Pasados unos segundos entran por
el lateral derecho* Margarita *y* Lucía, *esta vez
vestidas de monja y llevando las maletas.)*

Lucía *(Viendo el panorama con el suelo lleno de
«fiambres».)*
¡Sor Margarita, qué espanto,
todos muertos!

Margarita No se aflija, sor Lucía,
que lo habrá querido dios,
y Él, en sus santos designios,
siempre manda lo mejor.
Comprobemos que así ha sido...

*(Se acerca a los «fi Garridoambres» y echa un
vistacillo de cerca para asegurarse completamente
de que lo están del todo.)*
¡Así ha sido, sí señor!
¡Y ahora corriendo a La Habana
a informar a la priora
que las Hijas de María,
aunque no ha sido sencillo!…

MARGARITA
/LUCÍA *(A coro.)*
    ¡¡¡Cobraremos al final
    la herencia de Juan Castillo!!!

Telón y Fin de la Obra.

Guamasa, abril de 2001.

Esta primera edición de *La herencia de Juan Castillo*,
de Gustavo González Garrido, terminó de imprimirse
en febrero de dos mil veinticuatro,
en Madrid.